rapport au monde

www.editions-spinelle.com

Lise
Bellynck

Frédéric
Aspisi

rapport au monde

Voyage

ÉDITIONS SPINELLE

ISBN : 978-2-37827-216-6

* * *

C'est entre deux routes principales. Tu sors d'un goudron et tu vises un autre goudron d'après la carte. Mais la carte est souvent fausse, et le goudron s'avère être une piste surélevée et mangée par les ravines. À certains endroits, les pistes sont rehaussées car en saison des pluies, l'eau a tendance à vouloir tout recouvrir. Entre ces routes dites principales, routes rapiécées, il y a les pistes qui relient les villages entre eux - elles se forment uniquement parce que des villageois les utilisent. Une roue de bicyclette, une roue de moto, une petite moto chinoise tout en papillote. Ou deux roues pour la charrette et au centre, une troisième trace cabossée formée par les sabots de l'âne. C'est là que passe ton superbe 4x4. Comment passe-t-il ? Elle sort, pousse les branches. Je lui roule sur le pied, le pied gonfle.

* * *

Ailleurs, un autre jour. Souleymane ouvre la piste avec sa machette - c'est dans une forêt en Guinée. Sur la carte, c'est une Nationale - si-si ! On dirait pourtant qu'elle s'est refermée sur elle-même car plus personne ne l'utilise - quelques bras de fleuves, quelques bacs hors d'âge mais pas hors d'usage. Une sente à peine visible sous les herbes. Souleymane dit que seuls les paysans passent ici, pour aller du village aux champs où l'on cultive l'anacarde et le sésame. Cette Nationale, c'est un filet de poussière finalement, à peine une trace de pneu - Souleymane a un rendez-vous. Son papa vend la noix de cajou et là, il doit réceptionner un camion de trente tonnes que les Indiens viendront lui acheter... mais il ne peut pas nous laisser dans cette situation. Alors il nous devance avec sa moto et dès qu'il voit que c'est trop serré, il s'arrête et défriche rapidement à la machette - ou il met des pierres pour combler d'énormes ornières - il voudrait rester mais il est un peu pressé. Et c'est nous qui le mettons en retard. " Il y a un pont mais vous ne pourrez pas passer. À cette période, il faut prendre le bas-fond qui est presque à sec, à gauche avant la descente du pont. " En passant à gué, on voit le pont et ses quatre planches vermoulues - à cet endroit, il n'y a pas de lumière.

Ce soir, nous dormirons dans une clairière au bord des champs. Bananiers, orpailleurs de passage avec détecteur de métal en bandoulière - anacardes et araignées.

* * *

Sur la Nationale, chemin de traverse de ce pays de la sous-région, tu cherches un marché pour prendre un café - c'est surtout une bonne excuse pour causer. Parce que causer, c'est quand même ce qu'on fait de mieux quand on n'a rien d'autre que du temps. Tu cherches un marché du matin au soir. La piste, les bosses, les trous, tu ne t'en sors pas. Le soleil tombe en quelques minutes, disque immense au ras de l'horizon, il projette devant nous les dernières ombres. Il fait déjà nuit.

* * *

Mon pied est tout bleu, il a doublé de volume. On n'a pas de glace dans la voiture, il fait quarante degrés au bas mot. Ça n'est pas très douloureux, mais que faire ? On ne sait pas si c'est grave quand c'est tout gonflé comme ça, ça impressionne. Vu d'ici tout prend des proportions. Ça met une drôle d'ambiance. Un homme sort de la brousse, la machette à la taille... si j'avais eu ça pour couper les branches au lieu de les pousser pour que le 4x4 passe. Il nous fixe, sans doute étonné de nous voir là. Il doit aussi se demander pourquoi on m'a roulé sur le pied ?

J'envoie un sms en France - mon oncle est médecin. De toute façon, si le pied est cassé, il n'y a rien à faire. On remonte dans la voiture. Le Burkinabè nous aide à retrouver la piste. La clim' diffuse une odeur d'arnica, les bleus de l'enfance, vague à l'âme.

* * *

On a revu Souleymane longtemps après qu'il nous ait ouvert la route à la machette. Cette piste entre Guinée et Côte d'Ivoire était pourtant dessinée sur la carte. À l'époque on lui avait montré la carte et il avait souri avant de dessiner au sol, avec une brindille, dans la poussière, un schéma incompréhensible sur l'autre piste qui passait là-bas de l'autre côté du barrage et qu'on aurait dû tourner avant de prendre le bac... Aujourd'hui on a bien compris que pour beaucoup d'Africains de l'Ouest les cartes ça ne veut rien dire. Ce jour-là on y croyait encore à notre piste, même si plus personne l'utilisait. Souleymane avait disparu vers son rendez-vous avec les Indiens, on campait dans les champs en regardant la route pour le lendemain - sur la carte.

Un an et demi après, on se donne rendez-vous au Mali, près de la frontière guinéenne, à Yanfolila. Et il est là, il a sciencé pour passer la frontière avec un frère à lui, on ne sait pas comment. On le voit entrer sous les tôles ondulées du riz-sauce où on s'est assis pour l'attendre. Il est très ému et nous aussi. On a parlé longtemps et on a mangé sans trop d'appétit car on avait tant de choses à se raconter. Ce jour-là, la cuisinière a donné ses boucles d'oreilles dorées à Lise. Ça brille autour de son visage. Souleymane dit qu'il n'oubliera jamais l'effort qu'on a fait, venir de si loin. Alors que c'est lui qui a dû traverser toute la région des savanes pour arriver au Mali - une journée de piste, c'est pas rien. Il a dit qu'il ne nous oublierait jamais. Qu'il prierait pour nous. Que Dieu nous garderait dans sa lumière. Il est assez beau Souleymane Diallo et il travaille sans arrêt. M. Sala Sidibé, un autre Peul côté malien, pense que c'est un garçon sérieux - du moins en apparence. Pas comme les orpailleurs.

* * *

La Nationale, elle est sur la carte IGN, la carte qui a été faite par les Français avant l'indépendance, vérifiée il paraît en 1991 et réimprimée depuis - déjà tu doutes. Il existe paraît-il des vieilles cartes de l'armée russe... à moins que ce soit seulement pour le Sahara ? En tout cas, il n'y a pas de carte faite par le pays lui-même - à la fois ils ne frappent pas non plus leur monnaie - c'est seulement l'IGN, l'Institut Géographique National - français qui a les cartes - voilà... Autrement tu as Google Maps. Quand tu regardes l'Afrique de l'Ouest sur ce machin Google, tu remarques qu'en dehors des villes, il n'y a rien - quelques villages notés dans de grandes masses mauves ou jaunes. De toute façon, Google Maps n'est pas hyper utile sans internet et la couverture téléphonique en dehors des villes en Afrique de l'Ouest est quasi nulle. Bref, la brousse, c'est pas Ok Google.

* * *

Il y a aussi la carte Michelin Afrique du Nord et de l'Ouest au 1/4 000 000 - tiens je me rends compte que c'est aussi à Clermont-Ferrand qu'ils fabriquent les Francs CFA : est-ce que ça a un rapport ? En tout cas, cette carte ne donne que les routes dites principales. D'ailleurs, on voit parfaitement la Nationale sur laquelle on est. Là je parle de la Nationale 7, qu'on a réussi à rattraper depuis Ranérou. Tu connais la Nationale 7 ? C'est celle qui part d'Ourossogui et qui descend plein sud sur Tambacounda. Non toi tu confonds avec son homo française (homo pour homonyme comme on dit au Burkina Faso), celle de la chanson de Trenet, parce que la Nationale 7 du Sénégal, elle est moins fréquentée... Et puis elle est très intermittente la Nationale 7 du Sénégal : elle existe, puis elle n'existe plus - puis elle existe à nouveau.

" Bonjour, pourriez-vous m'indiquer la Nationale 7 car je l'ai perdue ?

— Vous êtes ONG ?

— Euh... non.

— La dernière voiture qui est passée ici, c'était il y a trois ans. Et c'était des toubabs aussi. Une ONG. Ça tombe bien parce que nous on a besoin d'un forage, d'électricité, d'une école (au choix).

— Non mais nous on traverse, c'est tout – y'a café touba dans le village ?

— Non, ici il n'y a pas de café... ici il n'y a rien. Il y a les bêtes et les champs. Mais il n'y a pas de café. Il faut reprendre la piste là.

— Vous voulez dire la Nationale ?

— Oui. "

Tu es en Guinée, tu es au Sénégal, mais pas la Petite Côte ou Dakar : le Sénégal de l'Est. Tu es au Mali, tu es au Burkina Faso - cette Nationale en pièces - ce trou de Nationale - cette piste en charpie - le 4x4 quand même, c'est un engin de guerre. Chaque trou, l'anticiper, rétrograder un peu (tu ne vas pas vite), y mettre une roue - choisis ton trou camarade - penser si ça va pas toucher derrière - sûr qu'il n'y avait pas d'épines, non ? Tu fais corps avec la route - tu es doux comme un agneau. Repasser la seconde, repartir - mais déjà le nouveau trou - des kilomètres en loques - la chaleur.

Emprunter les chemins de traverse. Tu n'as pas le choix - c'est entre deux routes principales - sur la carte c'est une Nationale - ce sont les charrettes qui ont fait la route en réalité. Puis un bas-fond et plusieurs traces qui semblent aller dans le même sens - c'est un village. Un autre.

Tu tombes sur le marché.

Le village d'avant, il n'y avait pas marché, celui d'avant encore, non plus... celui-ci, il y a marché - le village est plus grand.

Le marché, c'est là que ça se passe, c'est là que ça pulse - les t-shirts des jeunes femmes sont au plus près des seins : " Les jaloux vont maigrir " - regards timides échangés. Jamais un blanc ne s'est arrêté ici, et en plus il mange le manger d'ici, et elle, elle paye les tomates et ils boivent le café avec nous. Vraiment ?!

Pour nous, le marché, c'est une pause - pour les villageois, c'est un évènement. Le marché se prépare, c'est le travail du jour. Pour certaines et certains, c'est l'espoir de gagner un peu d'argent : condiments, bêtes, vêtements, légumes et charger le téléphone. Et le dolo, et le kiosque.

Mais tout est de travers ici - je me cogne contre un truc qui dépasse, il faut marcher plié. On a tendu des bâches dans les allées et chacun se protège du soleil - on ombrage les étals d'un sac de riz USAID... ou de chaume. Je me suis toujours demandé qui met en place tout ça ? Je sais qu'il y a un chef de marché mais comment ça s'organise ? Il faudrait venir voir un matin très tôt. Ou ça se fait comme ça, chacun pour soi et Dieu pour tous.

Quand il n'y a pas marché, c'est vide ces apatams. Ils servent alors de lieux de rendez-vous dans les après-midi de fournaise et on y dort quelquefois. Le mieux, mais c'est rare, c'est d'avoir une tôle ondulée pour se protéger de la pluie et du soleil - ça produit un effet de four en dessous mais on n'est pas à dix degrés près... de toute façon, il fait trop chaud pour travailler. Ce n'est pas que la vie s'arrête, c'est que le temps est fatigué - il se repose car ce n'est pas facile d'arriver jusqu'à ce village au milieu de nulle part.

Pour augmenter la sensation de four, assises sur des pierres, une rangée de femmes font cuire des beignets : beignets à la farine de haricots, à la farine de mil - ou " farines " seulement pour ceux, rares et chers, à la farine de blé.

Le temps est crevé comme une baudruche - il s'est vidé d'un coup sous les petits abris faits de bois biscornus. Les vendeuses ne bougent plus, le visage au-dessus de l'huile qui crépite, seules les gouttes de sueur sont pressées de rouler sur les tempes. Les plus riches d'entre elles ont fait moudre le grain ce matin - le moulin fonctionne le jour de marché - les autres ont pilé le grain chez elles avant de venir, à l'aube. Certaines ont un nouveau-né collé au dos. Des petites sont là pour aider. Le temps bout dans cette huile cuite et recuite mille fois - le temps, une pâte saturée de graisse.

Un petit sac noir en plastique enveloppe les beignets collants, une dose excessive de sucre - ce sera mon dessert après le riz sauce - il faut faire gaffe à ton cholestérol - manger bien équilibré, cinq fruits et légumes par jour. Et surtout attention à l'huile de palme.

* * *

Un villageois qui sait lui aussi quc c'est en France qu'on frappe la monnaie de son pays nous demande de lui rendre un service : puisque c'est nous qui imprimons les billets, pourquoi ne pas en imprimer plus et les distribuer au village - qu'est-ce que cela pourrait bien nous faire finalement ?

* * *

À priori, vu comme ça, c'est rien - personne n'y prête attention - c'est dans la voix, une manière de parler... au gardien par exemple. On appelle ça un effet de surface, non ? Une certaine inflexion de voix. Puis la chose se répétant, tu devines un malaise chez les patrons et comment ils s'arrangent mal de tout ça.

Ce sont des amis d'amis, très sympas il paraît. Ils nous reçoivent avec gentillesse - ça les fait délirer de voir deux compatriotes qui sont venus par la route. Ils sont épatés qu'on dorme dehors, dans la brousse - on n'a pas peur ? Non mais on va faire des machines à laver, et prendre dix douches par jour. Pendant qu'on parle, on voit des hommes et des femmes qui passent sans mot dire. L'une d'elles est alpaguée par la maîtresse de maison qui lui explique d'où on vient, ce qu'on a traversé, qui on est. Tout ce qu'elle dit est mal raconté - les quelques mots échangés sont déjà travestis. J'ai honte, toujours j'ai honte dans ces situations mais c'est normal. La femme, qui est sans doute la cuisinière, dit que ce qu'on fait est extraordinaire.

C'est elle qui a préparé le repas de midi, comme elle a préparé aussi celui du soir, même si le soir, on lui demande de rentrer pour avoir un peu d'intimité... ce qui nous semble étrange car de toute façon, il y a toujours un gardien-jardinier qui dort dans ces maisons, sur une chaise devant, ou dans un local improbable. Sur une natte - sur un fin matelas de mousse... entre les balais - je ne sais pas, sur un banc ? La nuit, tu n'arrives pas à dormir, et tu le vois sous le néon qui écoute en sourdine sa radio, sur une chaise longue déglinguée - c'est normal. Il est payé pour ça, tu sais ? Ah oui, c'est vrai, en fait on l'aide en lui offrant cet emploi. C'est mieux que d'être à la rue non ? Tout est normal - pourquoi te tourmenter ? Lui, un autre, une cigarette, un shot de thé, des tongs, un blouson décoloré - c'est normal.

Le rapport avec le personnel est très compliqué pour les blancs expatriés - je ne parle pas des libanais mais des Européens de type progressiste, voyez ? Les Français qu'on a rencontrés nous parlent de la politique française, du président, de la corruption, des valeurs républicaines, des Droits de l'Homme, etc. Mais qu'ils travaillent en ONG, pour les Nations Unies, pour la République Française, dans le développement, la coopération, à l'ambassade ou dans une entreprise privée, dans les mines, les groupes pétroliers, la sécurité, ou autre, tous, leur souci, on pourrait même dire leur problème, c'est le personnel.

Avoir une maison dont le confort est mille fois supérieur à quatre-vingt-dix-neuf pour cent de la population freine l'échange interethnique, pour reprendre des termes anthropologiques, mais entourer sa maison avec des murs d'enceinte très élevés signe une volonté ségrégationniste.

Certains expats réussissent à supporter la chaleur, le manque de confort, les coupures d'eau et d'électricité, le travail... mais s'il s'agissait en plus de vivre avec les gens d'ici, de vivre comme eux, non, ça, ça ne serait pas possible. Vivre, manger, dormir dans les conditions d'ici... même avec toute la bonne volonté du monde... et sans clim' ! Et surtout, qu'a-t-on en commun ? Et on parle en quelle langue ? En ville, ma foi, on peut parler la langue du colon mais après, qui parle les dizaines de langues qui fourmillent dans chaque pays d'Afrique de l'Ouest ?

Et on va parler de quoi ?

* * *

Justement on causait dans la cuisine et Bibata nous a dit qu'elle ne comprenait pas comment les blancs pouvaient manger ça ! C'était du gratin dauphinois et ça la dégoûtait profondément de faire ce plat que lui avait appris Madame. Et aussi les crudités !!! Qu'on était fous de manger ça non ?! " Mais pourquoi vous faites ça ? Tiéééééééé ! Je dis ô ! C'est mauvais. " Et le plus drôle, c'est que Madame avait proposé à la bonne de terminer le plat. Elle a porté à la bouche la cuillère ! Elle s'est précipitée vers l'évier et a craché - on n'a pu s'empêcher de rire tous les trois comme des idiots - la situation était absurde, comme souvent. Et puis Bibata a demandé à l'homme de payer coiffure - j'ai dit non - c'était dix-mille. Aujourd'hui, je me demande pourquoi j'ai dit non.

* * *

On est blancs, on a un 4x4 et la clim' - c'est un frigo à vitesses. Nous dépassons les charrettes, les femmes à pieds et leurs ballots sur la tête - elles peinent à rattacher le pagne qui glisse sans cesse de leurs hanches. Le temps n'existe pas en plein milieu de ce foutu pays, aussi la vitesse est encore plus discriminante - la vitesse par le milieu.

Nous arrivons au marché, c'est toujours le même marché. Fatigués.

Nous regardons par la vitre, depuis la climatisation, vers le dehors. Eux, les autres, rentrer en contact avec eux. Va-t-on sortir du 4x4 et comment va-t-on être reçus dans ce marché - dans combien de marchés nous sommes-nous arrêtés - noirs, nombreux, pauvres, et nous, blancs, riches - nous on dit touristes pour pas trop rentrer dans les détails car personne ne comprend ce qu'on fait ici - en Europe non plus tu me diras...

Derrière la vitre, on voit les méchants - des noirs, des vrais. Et quel bordel ! Et tu gares où ton tank, alors que tu es déjà entré trop avant dans le marché et qu'à peine la voiture à l'arrêt, elle sert d'accoudoir ? Touche pas à ma voiture ! Il faut sortir dans le réel, on te regarde mais on ne te regarde pas. On te voit, tu es là, on t'a vu ne t'inquiète pas, avec ta putain de caisse. Mais on te regarde pas parce qu'on a autre chose à faire. Tiens un Peul qui tire un mouton par la patte arrière - on sort.

" C'est quels bailleurs de fonds touristes ?

— Mais non, mais il n'y a pas de bailleurs de fonds pour être touristes ! C'est notre argent.

— Ah, d’accord... c'est bien comme métier. "

Ça les fait sourire, les étudiants bamakois en vacances dans leur village sénoufo.

* * *

Il est presque seize heures lorsque nous arrivons dans la cour de la maternité. Des femmes, les unes allongées, les autres sur des chaises plastique, tenant leurs voiles ou leurs pagnes pour se protéger de la poussière et du soleil orangé qui entame les murs et le sol. Sur la latérite les ombres s'agrandissent. Des femmes de tous âges, certaines enceintes, d'autres si maigres, vieilles. Elles attendent : " Le docteur n'est pas là d'abord. "

Alors on s'assied sur le rebord d'une marche, moi la nassara, et elle, Awa. Elle a mis son pagne de mariage et un léger voile blanc pailleté que je n'ai jamais vu car elle ne le porte pas à la maison, ni dans la cour d'ailleurs - c'est quand elle va voir des étrangers, pour cacher la honte dit-elle avec un "h" aspiré.

Je lui ai dit qu'une échographie ne faisait pas mal et qu'on n'avait pas besoin non plus d'être bien habillée pour aller à l'échographie. Comment expliquer la machine qui voit à travers l'épaisse peau du ventre - hum... " Il va étaler du gel, un peu froid, et grâce à ce liquide, tu verras l'enfant qui grandit sous ta peau... " Mes phrases ne semblent pas la rassurer mais à vrai dire, moi non plus je ne sais pas exactement comment fonctionne une échographie : les blancs et leur magie ? Awa ne dit rien, elle regarde à terre le sol poussière de la cour. Sur sa nuque, la patience à toute épreuve de ceux du Sahel. Je finis par me taire. En même temps, je n'ai jamais été enceinte, qu'est-ce que je pourrais lui dire ?

La maternité est un peu loin de la maison - c'est un autre quartier, extérieur à la ville. Alors nous y sommes allés en moto, à trois, elle serrant son ventre contre son mari qui conduit et moi derrière elle - ne pas tomber, ne pas penser qu'on va tomber... et amortir autant que possible les trous du goudron d'abord, puis ceux de la piste, regarder la route ou fermer les yeux ?

Awa se lève et me dit qu'elle va chercher un peu d'eau - ça doit faire un moment qu'on attend mais je suis sûre qu'on était à l'heure au rendez-vous - il y a sans doute une petite boutique quelque part - elle demande à une de nos voisines qui répond en moré, tout bas, on entend à peine - Awa aussi parle comme ça avec les étrangers. Elle sort de la cour, son petit sac de dame sous le bras, une main tenant le voile blanc. Elle a vingt-deux ans et elle est magnifique.

* * *

Dans l'inévitable sac en plastique noir, elle rapporte quatre sachets de cinquante centilitres. C'est combien ? Cinquante cinquante. Cinquante francs pour cinquante centilitres comme ça c'est pas compliqué, ça tombe toujours juste les prix.

Elle a payé trois sachets pour moi, un pour elle - elle sait que je bois beaucoup. Il est dix-sept heures et l'air est toujours brûlant sur nos visages, je sens que je n'y tiens plus alors j'entre poliment dans la maternité.

À droite, un guichet, une dame habillée de blanc me regarde. À gauche une salle d'attente, une vraie, avec une télé où France 24 boucle, et ventilée en plus ! Une salle d'attente avec des sièges arrondis en métal, un sol carrelé, des murs vert amande... vide... mais pourquoi ?

La dame répète ce que je sais déjà, à savoir que " le docteur n'est pas venu d'abord. " Ensuite elle regarde la liste, Awa est le septième rendez-vous donc quand le docteur sera là, ça ira vite. Mais où est le docteur ? " On ne sait pas d'abord. " Devant mon air sceptique, elle dit qu'il est peut-être à l'hôpital pour une urgence - à Ouahigouya, il n'y a que deux médecins accoucheurs. Alors...

Awa attend silencieuse, timide, indifférente, dehors, au soleil - deux heures ou trois heures ou davantage, qu'est-ce que ça change ? Elle ne me regarde pas... elle ne me comprend pas - pourquoi suis-je allée demander quoi que ce soit ? Les blancs-là...

* * *

Quelquefois... pardon... souvent, quand nous sommes arrêtés par les policiers ou autres forces de l'ordre (gendarmes, eaux et forêts, douaniers, chasseurs traditionnels, rebelles en uniformes, etc.), on ouvre la fenêtre et on parle. L'homme dit : " Mais c'est la fraîcheur chez vous ?! " Je lui réponds que ça, c'est la température dans notre pays, c'est comme là dans la voiture. Je lui dis la pure vérité - tant que tu restes dans ta voiture climée, tu es au pays - c'est un bout de l'Europe, ta voiture japonaise. Rester dans la voiture, écouter de la musique, c'est rester en Europe.

Les trous dans la Nationale. Les corridors. Les uniformes. Tu es fatigué et elle est fatiguée.

Mais on est là - on sort de la voiture. La chaleur.

* * *

Check one - il faut, avant que ton cerveau ne périclite complètement, vérifier que tu as de l'argent (un peu... pas besoin de sortir les biftons - déjà si tu as des pièces, c'est bien car la monnaie est rare et pénible à trouver) - bien vérifier que tu as tes lunettes de soleil (bon normalement tu les as depuis le réveil) - est-ce que j'ai fermé la voiture, est-ce que j'ai pas fermé la voiture, est-ce que je suis bien garé, ça ne dérange pas ?

Tu vas vite comprendre que personne ne sait conduire donc pour voler ta voiture, pas facile, et que tu ne déranges personne vu que c'est toi le patron - regarde juste si les charrettes peuvent passer sans rayer ta carrosserie qui de toute façon commence à être bien griffée. La Nationale 7 bordée de buissons et autres épineux - la largeur d'une charrette. Et le pied sous la roue.

J'ai fermé ou pas la voiture ? Avec la chaleur le cerveau est en phase de coagulation. Bon j'y retourne. Je reviens - non mais t'assieds pas sur ma voiture, s'il te plaît. Laisse tomber.

* * *

Je n'ai jamais compris pourquoi les grillades étaient systématiquement servies dans des bouts de sac de ciment - il doit y avoir une raison mais je ne la connais pas. Les fruits, les légumes, sont vendus dans des sacs en plastique, ce qui n'est pas forcément idéal quand la température dépasse les quarante degrés. Les morceaux de chèvre, de bœuf, de poulet, avec les oignons découpés et l'épice, ça c'est toujours dans un morceau de sac de ciment. Pour cent francs ? Pour deux-cents ? Ou alors, la brochette cent francs.

Le grill, ça peut être des barils troués et dedans il y a le feu, ou des feux et dessus une plaque de fer trouée - souvent c'est comme ça. Il y a aussi la viande qui est déjà dans des petits paquets auréolés de graisse. Les paquets à deux-cents francs ou cinq-cents francs - tu demandes de recuire devant toi.

C'est de la viande grillée comme ça qu'on a mangé au maquis ce soir-là à Dori, avec des blancs. On marchait de nuit avec notre frontale parce qu'on avait eu rendez-vous avec un gars pour une histoire de dix-mille francs, et on rentrait tranquillement vers l'auberge qu'on avait trouvée à l'entrée de la ville. C'était des chambres à quatre-mille, de plein pied. Et dans la chambre voisine, il y avait un marabout mauritanien ou malien, je ne sais plus.

Il me semble qu'on était les seuls clients - avec le marabout - de tout le jour, je n'avais vu personne. Je dis tout le jour, car on utilise toujours bien l'auberge ou le lieu où on vient s'échouer pleins de poussière et de fatigue. Voilà comment on procède : on vise une étape en ville, donc le soir d'avant on bivouaque pas trop loin de là en brousse. Puis le lendemain, on se rend tranquillement vers là où on a pensé se poser - on regarde la chambre et le voisinage surtout, on vérifie qu'il n'y a pas un maquis avec musique amplifiée juste à côté, histoire de dormir un peu la nuit. Dans cette auberge, précisément, ça allait - c'était excentré en quelque sorte - c'est bien... oui d'accord il y a un coq qui va te pourrir dès minuit mais ça, c'est normal. Tout le jour, on essaie de regarder internet, de laver nos affaires, de faire un tas de trucs qu'on a sur une liste - réparer une chaussure, laver la tente de toit, faire recoudre ceci ou cela, et la voiture si jamais elle a un problème... ok, elle a toujours un problème en fait.

Ce jour-là, on était arrivés vers neuf heures pour prendre la chambre jusqu'au lendemain midi. Et le marabout m'a proposé de boire le thé que son chauffeur préparait. Justement, le chauffeur, je lui avais parlé avant car on bricolait ensemble nos voitures, côte à côte. Moi je déteste le bricolage... comme les trucs de jardin ou les travaux, ça me déprime instantanément. Le chauffeur ça le faisait rire de me voir déballer ma caisse à outils et râler allongé sous la voiture dans la poussière. Il a commencé à m'entreprendre pour m'expliquer que son patron était un grand marabout qui venait de loin pour une affaire, qu'il était très apprécié dans toute la sous-région et qu'il était bien payé. Que les gens le connaissaient dans toute l'Afrique de l'Ouest, même à Abidjan. Mais je n'ai pas compris exactement de quoi il retournait - très vite, on abandonne de tout comprendre - c'est comme ça.

Le marabout parlait français, il était allé à l'école car il n'utilisait pas du français ramassé comme celui de son chauffeur - c'était du bon français, avec sous-entendus, blagues et autres jeux d'esprit. Pourquoi diable tout à coup j'avais du temps pour prendre le thé et causer avec lui ? Je ne sais plus mais je ne me suis pas fait prier.

Le marabout était assis sur une chaise - il était assis comme tout un chacun. À ses côtés, accroupi, le chauffeur soufflait sur les braises du foyer en fil de fer.

L'auberge était balayée par le sable et la poussière, et les portes en tôle de chaque chambre se doublaient d'un petit rideau qui voletait car tout était ouvert, pour rafraîchir. Ainsi, on voyait ce que les résidents avaient posé dans leur chambre - on regarde sans regarder ces natures mortes et on n'en pense rien. Des tissus décolorés dans un courant d'air et dans le fond de la cour, un petit lave nos chaussures - il frotte, il brosse depuis une heure les baskets devenues brun latérite, il nettoie même les lacets.

J'ai dit que je m'appelais Frédéric. Mais je ne sais pas, quelques minutes après, c'est Patrick qu'il m'appelle - pourquoi pas, je m'en fous. Puis ça parle politique internationale - ah oui quand même, c'est assez rapide comme toujours. Et votre président, et notre président, etc. Le marabout me dit que je devrais me présenter aux présidentielles, parce que Sarkozy, c'est pas bon et qu'il va dégager. Tiens, j'y repense, il avait raison... sont forts ces marabouts.

" Vous croyez que je peux être président ? Hum je suis pas sûr, moi.

— Mais si mais si et il faut me nommer ministre des finances. "

Alors on a imaginé tout ce qu'il pourrait faire avec l'argent qu'il aurait tout à coup, et moi de lui signifier que quand même, il faudra faire attention car les blancs-là, ils surveillent bien à ce que l'argent ne disparaisse pas trop de la caisse. Il me dit qu'on ne verra que du feu. Et ainsi de suite, on a échafaudé tout un plan, en riant, ça va de soi, de nos trouvailles pour prendre l'argent puisqu'il me proposait de m'en reverser une partie. " Ah vraiment Patrick Président, mon ami, ça c'est bon dhè ! "

C'est l'heure de la prière - ça tombe bien car je commençais à cramer au soleil. Lui s'était collé au mur pour profiter des vingt centimètres d'ombre portée qui permettent de survivre. Et moi en face, comme un con, au lieu de venir à ses côtés, je m'étais mangé le soleil pleine patate.

Voilà donc qu'il se lève d'un bond, si je puis dire... en réalité, il glisse à terre, enlève les tongs de ses pieds, les passe aux mains, et se rend vers sa chambre comme un insecte tout en vertèbres, rampant - ils disent " crabes " ici.

J'ai fait l'air tout est normal - genre je le savais - lui, il le savait sans doute qu'il était poliomyélite, donc ça n'a pas dû le perturber outre mesure d'aller dans sa chambre sur les mains. Moi évidemment, si on me dit rien, ça peut me surprendre un peu... C'est limite que je sifflote tout seul, puis je me dis que ça pourrait faire trop détendu donc pas crédible.

Après il faut pas se formaliser. Entre la fatigue, le soleil et l'habitude, finalement. Non au contraire, ça fait partie du machin - tu penses pas pareil, voilà tout - un peu plus, un peu moins... C'est lorsque tu te réveilles en pleurs en pleine nuit que tu réalises comme ça t'a remué quand même.

* * *

Tu rêves d'un café, un café qui te réveille définitivement de cette nuit trop chaude, trop profonde. Tu rêves d'un café au lait, d'un Nescafé avec du lait concentré sucré exactement.

On roule depuis trop longtemps depuis ce matin - on a parlé puis on s'est tus. On tremble. On veut un café même si on sait que ce café n'est pas ce qu'on veut. On est en manque. De quoi ?

On rêve d'un café dans un kiosque au marché. On en profitera pour acheter des légumes - c'est Lise qui fait ça, moi je gérerai les hommes qui viennent me parler - s'ils parlent français...

" Mais c'est ta femme ?
— Oui c'est ma femme.
— Et lui, c'est ton mari ?
— Oui c'est mon mari.
— Mais vous dormez ensemble dans la pirogue au-dessus ?
— Oui. C'est une tente de toit.

— Tout le temps ?

— Oui.

— Mais pourquoi tu voyages avec ta femme ? Quand on voyage, c'est sans sa femme justement... "

* * *

" Je vais prendre un café au lait mais attends, montre moi combien de lait concentré tu mets parce que tu vas me tuer... stop ! Voilà ! Oui c'est pas beaucoup, la moitié du verre... Par contre le café tu peux y aller le café - plus - encore une cuillère. "

Les cuillères sont minuscules et en général c'est trop de lait concentré sucré malaisien et un tout petit peu de café lyophilisé, ersatz de Nescafé... mais on dit Nescafé.

On dit Nescafé, on dit Lotus, on dit Omo - c'est café lyophilisé, mouchoirs en papier, lessive en poudre. On peut même dire que Saba, marque chinoise de lessive en poudre, c'est du Omo : " Peux-tu aller m'acheter du Omo Saba ? " - c'est quoi le problème ? Y'a pas de problème. Yélékabé.

* * *

— On est allés chercher mon frère qui est tombé dans le puits. Il est mort là.

— Qu'est-ce qu'il s'est passé ?

— On ne sait pas mais on l'a retrouvé dans le puits - il est tombé sans doute en allant chercher de l'eau. On a passé la nuit parce que remonter quelqu'un comme ça, c'est difficile !

— Tu devais être triste.

— Ça va maintenant.

— C'était quand ?

— C'était hier.

* * *

Les femmes se sont finalement assises par ordre de passage sur les sièges métalliques. Avec les ventilateurs elles ont un peu froid et puis cette organisation, ces fauteuils arrondis, ces présentatrices blanches avec leurs yeux de chat à la télé, ça fait peur. Ou alors elles craignent le docteur qui est enfin arrivé et dont on devine la voix à travers la porte du cabinet. Parfois un homme entre, pose une question que je ne comprends pas, ressort - une vieille s'est endormie contre le mur. C'est numéro quatre qui sort. Et on appelle numéro cinq. Mais d'un coup les femmes sont prises d'un éclat de rire. Numéro quatre est sortie sans ses chaussures restées dans le cabinet du docteur
- elle se met à pleurer ses chaussures - que lui a-t-il dit pour qu'elle en oublie ses chaussures ? Autour de moi elles murmurent - c'est un sort jeté sur la salle.

* * *

Le docteur est éduqué. Il parle un peu choco et Awa ne comprend pas tout. Je traduis " en français facile " comme ils disent sur RFI pour ne pas être désobligeants.

" Allonge-toi là. Non, la tête de ce côté. La tête sur la partie relevée du lit. Et puis il faut que tu soulèves ton t-shirt. Pour que le médecin voie ton ventre. "

Sous le voile pailleté, elle porte un t-shirt informe, défait par les lavages excessifs - l'imprimé, c'est Blaise Compaoré du coup, il a vraiment l'air fatigué.

" As-tu déjà eu des enfants ?

— Non. (à peine audible)

— As-tu avorté ?

— ...

— Il faut répondre, je suis médecin. Il faut me dire, c'est pour que la grossesse se passe bien.

— ... "

Avorter, elle ne sait pas ce que ça veut dire. Elle s'est mariée en décembre, on est en mai et elle est enceinte de quatre mois. Avorter.

Awa n'a pas envie de relever son t-shirt et de montrer son ventre dont elle a "h"onte. Elle obéit le visage serré.

" Ah mais vous êtes pressés ! Vous êtes très très pressés ! "

Le docteur rit gentiment.

" C'est des jumeaux. Deux fœtus. Des garçons en plus..."

Awa cherche où poser son regard pour voir les enfants. Elle ne comprend rien à cette image en noir et blanc, ce moniteur minuscule, ces formes imprécises qui prouveraient qu'elle a deux enfants dans son ventre, qu'ils sont jumeaux et en vie. Et les cœurs qui battent ? De toute façon, elle n'entend plus rien. Elle se rhabille comme un automate, descend bien le t-shirt sur le pagne, enfile ses tongs en plastique, toujours en plastique... et sort.

Dehors il fait nuit. Nous sommes les deux au bord du goudron, dans le noir. J'appelle son mari pour qu'il vienne nous chercher. Au téléphone je ne dis rien. Elle m'a demandé de ne rien dire. Et puis dans la nuit chaude de la petite ville du Sahel, elle se jette dans mes bras et elle pleure fort. Et je me tais.

* * *

Rien, strictement rien ne se fait en Afrique sans l'utilisation des sorts - c'est le deuxième monde - celui que tu vois ici et l'autre que tu ne vois pas mais qui oriente tes choix. Il faudrait un calque pour montrer ce dédoublement perpétuel de tes faits et gestes. Et se dessineraient des directions, des lignes qui dicteraient d'avance tes gestes et décisions à venir. Tu n'es maître de rien finalement - demander la protection dès que tu prends la moto pour ne pas avoir d'accident, demander de l'aide pour réussir un examen, demander l'argent pour manger le soir, demander le miracle en toute chose.

On dit que les fonctionnaires africains ne travaillent pas une fois qu'ils sont derrière leur bureau : c'est faux ! On ne se rend pas compte de toute l'énergie déployée pour ne pas perdre son emploi, pour ne pas être délogé par quelqu'un d'autre, par un pouvoir naissant, par une révolte, par une maladie. Il faut se prémunir de tout cela, l'anticiper, le déjouer. C'est une occupation incessante : prières, grigris, arrangements avec le bon Dieu. Et s'il le faut, par les manigances et la force physique même si on sait très bien que la force physique peut être à tout moment gâtée par un sort. Et voilà que l'on perd sa puissance car le sang est devenu mauvais. À quoi bon tirer sur untel puisque ses grigris détournent les balles. Les anti-balaka sont couverts de grigris qui détournent les balles des AK-47.

* * *

Comme je suis très intelligent, je me suis mis à la place du marabout et j'ai pu profiter de la bordure d'ombre le long du mur - je ne peux pas dire que j'ai vécu une expérience fantastique, mais ça tapait moins.

J'étais en face des chambres, j'ai vu que notre rideau en se soulevant laissait apparaître les jambes de Lise - je me suis dit que c'était un sacré salaud de s'être mis là. Elle lisait ou je ne sais - le ventilateur en plein - je ne crois pas qu'elle était malade - c'est le lendemain qu'elle l'a été, à cause des bières qu'on avait bues.

Juste à côté de notre chambre, le rideau se levait pareillement, rideau à fleurs, improbable : est-ce beau, est-ce laid ? Qu'importe... au sol, le marabout priait

son chauffeur lui avait déroulé une natte. Quand la brise soulevait le rideau, je le voyais clairement, puis il disparaissait... mais sous le rideau, je le voyais encore, en ombre, marmonnant. Puis il réapparaissait. Son ombre collait à ma rétine. Ce qu'il s'est passé après, je ne sais plus - tout est flou... il y a eu le marché, et pour la première fois, je crois qu'on a appelé Lise " la blanche " et non pas nassara ou toubabou - en français, ça fait un choc... puis on s'habitue, comme tout. Ce sont des enfants qui nous ont doublés volontairement pour nous saluer et qui ont dit bien fort : " Bonjour la blanche ! " Je me souviens qu'une partie du marché était sous une halle, je me souviens des poissons noirs caramélisés, et du peu de monde qu'il y avait du fait qu'on y était aux heures les plus chaudes. Et cette histoire avec le jeune homme dont l'ongle du petit doigt était verni de rose et dont les amis nous ont convaincu qu'il était malade et nécessitait un traitement qu'il devait prendre à Ouagadougou, et qu'il lui fallait dix-mille pour le voyage. Nous avions beaucoup discuté de cela - c'était devenu l'affaire de la journée, en plus de tout le reste à gérer avant de repartir en brousse. Nous sommes retournés à l'auberge, mais je ne me souviens pas d'avoir revu le marabout.

* * *

Nous rentrons à l'auberge - une entrée minuscule, un hall donne sur une salle avec des bancs en bois, comme on en voit dans les écoles, et une télévision. Il fait réellement trop chaud. Je crois que Lise est allée se reposer un peu - peut-être pas, elle a encore des choses à faire - elle est forte, elle arrive toujours à faire des choses. Moi j'ai plus rien dans les chaussettes, j'ai plus de chaussettes de toute façon - l'air est trop saturé de chaleur. Je vais me vautrer avec les deux-trois jeunes qui travaillent ici - on regarde la télé, je comprends rien, c'est un film indien. Et pas doublé. Eux, ça n'a pas l'air de les déranger.

Le garçon qui a la télécommande est celui qui a lavé nos affaires, ce matin - deux de nos vêtements sont troués définitivement. C'est peut-être même là qu'on a compris pourquoi nos fringues se détérioraient à vitesse grand V - c'est peut-être à Dori qu'on a commencé à comprendre des choses. À force de frotter. Des choses qui nous dépassaient, des choses auxquelles on n'avait pas pensé car au pays des blancs, on n'a aucune raison de penser à ça.

Le soir on a rendez-vous avec le jeune homme à l'ongle verni - on lui a donné dix-mille. Pourquoi on lui a donné dix-mille à lui et pas à la bonne pour sa coiffure ? On lui a donné dix-mille avec ce sentiment étrange de ne pas savoir si tout ça était vrai ou pas, avec ce sentiment plus étonnant encore de se dire que finalement, que ce soit vrai ou pas, on s'en foutait. Tu te fais balader mais tu t'en fous, il fait trop chaud de toute façon et puis c'est pas quinze euros qui vont te manquer. C'est de l'aide au développement mais en live - l'argent tourne et retourne et revient encore : y'a qu'à voir la tête des billets ici au Sahel, l'argent est fatigué, presqu'autant que la tête de Compaoré sur le t-shirt délavé d'Awa.

Puis la nuit tombant vite, et dans la fraîcheur relative, on revient vers l'auberge, à pied, avec nos frontales. C'est là qu'on a vu deux blancs attablés qui buvaient une bière, piquant avec des cure-dents des bouts de viande grillée. Nous engageons la conversation... On ne s'étonne pas qu'ils soient français, c'est normal, on est chez nous. Par contre, il y a un noir avec eux - on se dit que bon, ouais... hum... Présentation. Donc ils sont là de passage en vacances - ils sont venus en avion et ils ont pris un guide - ah voilà ! On est gentils, on paye la tournée. On commande aussi une grillade - sur ce, un ami du guide arrive. La discussion est certainement chiante au possible, je ne me souviens de rien pour tout dire. Mais l'ambiance est détendue, comme souvent au Burkina Faso. On est à l'extérieur du maquis, pas entre les murs, où c'est plus

" musical " dira-t-on. Tout à coup, débarque en moto un troisième gars enturbanné qui vient se poser là après les salutations d'usage - d'abord au guide, puis à l'autre ami, puis aux quatre nassaras qui parlent de trucs de nassaras genre conseils aux voyageurs, brosse à dent, maladies, visas, état des routes, chtouille, etc.

Le jeune homme qui n'a plus besoin de son chèche, puisqu'il n'est plus en moto, le retire dévoilant son visage sublime. Moi je pense Peul tout de suite - il dit qu'il est peul - ah, je me dis que je commence à capter ça. Aujourd'hui, même les yeux fermés je reconnais un Peul, rien qu'au bruit de ses pas sur le sol, je sais s'il est peul ou autochtone.

Au début, il fait un peu le timide... Puis il a pris une Sobebra et on a commencé à causer - les deux nassaras de passage demandent la route pour aller se coucher car le lendemain, je ne sais plus ce qu'ils avaient prévu, chercher des antilopes dans le désert, ou un truc du genre - bref, on s'est échangés les numéros sans trop d'illusion. Ils ont bien insisté auprès du guide : " Demain c'est six heures, ok ?! ". On se dit que nous non plus, on va pas faire tard car on va être réveillés aux aurores vu que de toute façon, le coq... et sans doute à cinq heures du matin, une dame va venir balayer la cour, et à côté la maman qui va piler le mil du matin - à la fois c'est ce qu'on apprend aux petites filles dès leur enfance - être une bonne ménagère... alors dès qu'il y a de la lumière, tout le monde est à fond car la nuit, sans électricité, c'est plus compliqué pour les activités. Là il est déjà vingt-trois heures - on fait un rapide calcul des heures de sommeil qu'on peut encore espérer... finalement on reprend une bière dans la pénombre du maquis.

Notre nouvel ami peul nous raconte sa vie, des bribes. Les bières vides s'alignent sur la table bancale et on se sent plus légers, on apprécierait presque la musique si on ne pensait pas vaguement à la journée du lendemain, au soleil qui va taper dès six heures et avec le mal de crâne... Il vit avec une Française à Lyon - ah ok ?! Et il a une ONG. Un business comme un autre. On comprend qu'il fait des allers-retours entre collecte d'argent en Europe et redistribution en Afrique, mais comment ? Pourquoi ? Lise commence à poser plein de questions, auxquelles il répond évasivement.

C'est pour faire diversion il me semble, que j'ai lancé le sujet des sorts et autres coutumes paranormales. Il faut dire que le marabout m'avait bien monté la tête. Le guide explique comment ça fonctionne, quels sont les avantages et les inconvénients des sortilèges, qui peut envoyer la foudre, etc. - tout ça est très classique... on blague.

Jusqu'à ce que l'ami peul jette un froid : " De toute façon, tant qu'ils croiront à leurs bondieuseries, les Africains ne pourront pas s'en sortir. Tant qu'ils auront leurs grigris, leurs fétiches, leurs croyances, ils ne pourront pas se développer. "

Merde rien que d'y repenser, ça me troue toujours autant. La tête de l'autre Burkinabè à côté, ça valait bien... une nouvelle tournée mais de Brakina cette fois - je crois que c'est le lendemain que Lise était malade.

* * *

Quand on pénètre sous un glacier, via une galerie ou une crevasse, on croit qu'on va entendre une myriade de tintements, comme si la glace faisait un bruit de clochettes. Mais non. Souvent on n'entend rien. Quelquefois, ce sont des bruits sourds, de lents déplacements de blocs de glace, la montagne cède, un peu comme dans les entrailles des énormes bateaux quand ils craquent de bois ou d'acier. Ainsi, on se trompe souvent entre ce qu'on rêve, ce qu'on pense et ce qui est. Le réel, on ne le connaît pas. Ce sont les films, ce sont les artifices qu'utilisent les monteurs qui nous font croire aux tintements dans les galeries de glace. En réalité, sous un glacier, à moins qu'il n'y ait une rigole d'eau, c'est le silence absolu - aux dernières nouvelles, personne n'a accroché de carillons.

* * *

Certains blancs, beaucoup de ceux qu'on a croisés, croient qu'ils vont aider les gens là-bas - les jeunes surtout. De plus, ils sont sincères. Mais il y a le concret, c'est comme ça - on ne pense pas, on ne rêve pas, sans le sang, les excréments, le sommeil, la régénération du corps - ce sont les besoins physiologiques incontournables. Même si tu ne vis que d'amour et de volonté de te donner en entier, il faut bien se loger par exemple - or ce logement devra avoir un confort minimum ne serait-ce que pour que tu survives à des conditions qui te sont hostiles. Survivre pour pouvoir te consacrer à tes idéaux.

Nous avons dorénavant une certaine pratique de la maison des blancs en pleine ville africaine. Rares sont les blancs qui vivent en brousse, ils sont souvent à la capitale - en brousse, ils ne tiennent pas longtemps, sauf quelques missionnaires, ou deux-trois illuminés qui deviennent rapidement des cas surprenants du type Marlon Brando dans " Apocalypse Now ".

Non le blanc en Afrique de l'Ouest vit dans la capitale - il est capitaliste. Et dans la capitale, il vit dans une maison qui peu ou prou, ressemble à un bunker mais joli, avec un petit jardin, quelquefois une piscine, et avec du personnel. Sur la terrasse, il y a souvent un ventilateur, au plafond ou sur pied - c'est là qu'on fume car depuis quelques années, surtout s'il y a des enfants, on ne fume plus à l'intérieur. Oui, c'est un bout d'Europe ici, on fait tout comme en Europe - le seul décalage, hormis la température ambiante, c'est que tout autour, il n'y a que des gens non pas pauvres, mais misérables. N'empêche qu'ici, là, maintenant, c'est un bout d'Europe. Climatisé.

Tu es installé dans la chambre d'amis. Le mobilier en bois. La moustiquaire autour du lit. Après quelques heures de repos, évidemment, tout te remonte à la gueule, comme les égouts de cette ville innommable. Un relent, un vieux relent de colonialisme, de white power - c'est tout Léopold II, Hitler, Staline, Mao Zedong et les USA en Amérique du Sud qui te reviennent au museau. C'est rien, des détails, presque rien. Une manière de regarder le boy par exemple.

* * *

Au maquis, dans une petite ville du nord Bénin, au bord du goudron, quelques voitures, des deux roues surtout, pas grand monde, c'est l'après-midi. Avec un ami, on boit des sucreries tièdes pour essayer de se rafraîchir. On parlait au ralenti. De la Côte d'Ivoire, de Gbagbo il me semble, et il a répété plusieurs fois qu'on était forcément au courant, nous les Français, d'un certain évènement, puisque c'était passé en boucle sur France 24. Je ne sais plus lequel de nous deux lui a répondu négligemment qu'on ne regardait jamais France 24.

" Vous vous ne regardez peut-être pas France 24 car vous êtes des blancs " façon " mais tous les Français regardent France 24.

— Non, les Français ne regardent pas France 24, c'est vous qui regardez France 24 et comme ça, on vous donne les infos qu'on veut bien vous donner. "

Déjà que le gamin, il est du genre politisé, là, ça l'a choqué. Et en plus, c'est nous qui le lui apprenons, histoire de montrer une nouvelle fois, c'est qui Raoul. Notre ami béninois était persuadé que les Français de France, branchés sur France 24 ou RFI (l'ancien " poste colonial "), étaient au courant des situations politiques et économiques des pays africains francophones, des déclarations de leurs dirigeants, de tout ce qui fait les informations classiques des mass médias. Ben non...

À Abidjan, en mangeant du poulet choukouya avec un autre ami, on est repartis sur cette histoire de France 24. Lui, Franck, il est assez riche, il fait du business dans le poumon économique de l'Afrique de l'Ouest francophone. Il a même étudié en France. Et puis, au détour d'une phrase : " On n'est pas dupes, on sait bien que France 24 c'est importé. Pour vous c'est normal, vous regardez ça tous les soirs, mais ici, quand tu es ivoirien, ça fait bien de regarder France 24 : ça fait moderne. Et même nos dirigeants préfèrent aller sur France 24 que sur la chaîne nationale pour faire des déclarations officielles car le sérieux de la chaîne valide leurs propos. Donc si on veut savoir ce qui se passe exactement dans notre propre pays, on est obligés de regarder France 24, plutôt que les chaînes nationales qu'on sait muselées par le pouvoir en place ou par celui qui veut le prendre. Vous voyez ? "

On s'est regardés un peu gênés. On était désolés de devoir démentir. Non les Français de France ne regardent pas France 24 et s'en tapent totalement des problèmes des pays africains, tant que c'est pas la guerre, le terrorisme, et tout ce genre de machin qui a toujours bien vendu. Donc non les Français de France ne sont pas sensibles aux problèmes de leurs anciennes colonies... le regard de notre ami s'est assombri. La France, même critiquée ou détestée, reste un repère dans ce système global qui a dévasté peu à peu l'Afrique de l'Ouest - la France reste idéalisée par les générations laborieuses, croyantes, qui tentent de se sortir de la misère par tous les moyens. La France et son armée d'occupation, méprisée, bannie, rejetée, reste tout de même un symbole de puissance, de modernité. Elle n'est plus adorée benoîtement, même si en brousse, le fait d'être Français confère encore des pouvoirs surnaturels, mais elle est là, comme une lumière. Un rêve que ne remplacent ni les Chinois et leurs chinoiseries ni les Arabes et autres teints clairs assimilés aux razzias esclavagistes, au banditisme et au terrorisme.

* * *

Ne croyez pas que les Africains qu'on a chicotés pour travailler dans les champs, pour apprendre la langue du bourreau, ceux dont les terres sont pillées par le colon, et qui voient ces mêmes colons payés grassement quand eux essayent de faire vivre une famille avec une centaine d'euros par mois, ne croyez pas qu'ils attendent qu'on leur rende tout ce qu'on leur a pris : ils ont bien compris qu'ils sont déjà à la ramasse de la mondialisation. Non, ils voudraient simplement qu'on arrête de les mépriser, qu'on arrête de les prendre pour des idiots, qu'on les considère pour ce qu'ils sont : ni des sauvages, ni des manœuvres, ni des guerriers, ni des voleurs, ni des terroristes, ni des migrants, ni des bons à riens, ni des machistes, ni des putes, ni des victimes, ni des éboueurs, ni des singes, ni des anthropophages, ni des menteurs, etc. Qu'on les regarde, simplement. Qu'on vive avec eux, qu'on échange, qu'on soit là, qu'on parle ensemble, qu'on partage un repas, qu'on travaille ensemble, qu'on apprenne ensemble. Et non pas qu'on les trompe une nouvelle fois - litanie des nombreuses promesses jamais tenues qui connaissent pour seul dénouement la police ou l'armée.

* * *

Je ferme les yeux et les enfants apparaissent par grappes. C'est un village à la frontière du Mali. C'est le premier village, peuplé de baobabs et d'épines. C'est un village peuplé d'enfants. Une petite école. L'éternelle école en torchis. Les enfants pieds nus courent derrière nous, rient de nos peaux blanches. L'un d'eux porte autour du cou un transistor. Les enfants courent dans la musique. Ils s'accrochent aux cheveux blonds. C'est comme un film collé sous les paupières.

* * *

La chaleur de midi ou celle de juste avant, celle où tu sais que ce n'est pas encore arrivé. La chaleur va venir et tu te dis que ça va être terrible entre onze heures et seize heures - se dire et se redire juste avant que ça ne survienne que ça va monter violemment et se mettre à couvert.

La chaleur, pas celle du sud de l'Europe, la chaleur du midi du Sahel. Celle qui fait que les œufs dans ce recoin que tu appelles cuisine, couvent seulement. Tu en casses un et c'est un embryon et un cœur qui bat. Et le deuxième aussi. Et ainsi de suite et tu ne comprends qu'après coup que c'est la chaleur qui les a couvés - c'est seulement le soir que tu comprends l'horreur. Tu ne manges plus d'œufs pendant plusieurs semaines.

* * *

Tout est faux dans ce qu'on écrit, on ne peut pas, on ne pourra jamais dire, vivre, dire. On ne peut pas, tout est faux. Ce n'est pas l'expérience, les souvenirs, les anecdotes en tant que tels. Ce n'est pas ça. C'est qu'il faut bien se définir en tant que blanc, avec tout ce qu'on nous a fourré dans la tête et le corps.

* * *

Un petit talibé s'avance avec sa boite vide de concentré de tomates, tenue par une cordelette de chanvre autour du cou, un t-shirt au col entaillé, un pantalon en loques, des sandales en plastique, celles qu'on a portées, enfant, au bord de la Méditerranée, pour pas se faire piquer par les vives.

Je comprends pas ce que tu dis. Putain, mais touche pas ma voiture bordel ! On rigole. Je te donne pas vingt-cinq francs - je te donne rien car je galère depuis une semaine avec la monnaie. Et si je te donne un billet de mille francs, tout le monde va rappliquer. Tiens j'en vois déjà deux autres qui s'approchent - j'te donne rien - va te faire foutre. C'est qui le patron ? Les cheveux du petit ont été salement rasés - y'a des touffes là et là ! Je vois qu'il se demande si je le regarde vraiment. Il voit que je le regarde mais il pense que je ne le vois pas. Il pense que nous, les blancs, on ne les voit pas. Pourquoi on s'intéresserait à un talibé ?

Souvent dans les villages, si un enfant ou un jeune adulte, femme ou homme, comprenait que je le regardais vraiment, il avait honte.

Je me souviens clairement d'un enfant en brousse qui est devant moi à la sortie de la voiture et qui me regarde bouche bée - un gosse de huit ou dix ans. Et il bouge pas. Il n'en croit pas ses yeux (l'expression est à prendre au sens littéral). Comme c'est impossible qu'un blanc débarque là, ici, il pense que matériellement je ne suis pas là. Y'a deux mondes donc moi je suis dans l'autre - do you copy ?

Aussi, le petit ne se pousse pas - j'avance - il me regarde, tête en l'air, la bouche ouverte. Je ne peux pas l'ignorer - je pourrais, on n'est pas à ça près non ? - je m'arrête, je le regarde. Pendant plusieurs secondes, il voit que je le vois mais il ne peut réaliser que je le regarde réellement. Puis il comprend.

Alors il s'est tourné vers ses potes. Tout le monde s'est demandé ce que c'était ce bordel. Il m'a regardé à nouveau. Et là, ça y est, ça a déclenché. Et j'ai vu la terreur mêlée au plaisir aussi dans ses yeux écarquillés et il a sauté, il a ri... et il a quitté le regard. Il est revenu dans le faisceau du regard. Il a couru. Il est revenu. Il invente une danse sur place. Il m'a regardé. Il a vu que je le voyais. En fait, c'est le regard qui sort de la tête et non la lumière qui rentre dans l'œil : c'est mon regard qui faisait la chose. Rayon laser. Superman.

***

— Vous vous rappelez du Malien ?

— Oui.

— Il est mort.

— Ô non !

...

— Mais comment ?

— Il a eu la fièvre pendant trois jours et il est mort.

— Mais il était jeune...

— Oui il avait quatorze ans - il était au collège et il travaillait bien, disaient ses professeurs.

* * *

Les talibés, c'est du menu fretin, on les chasse comme des mouches. On leur donne le reste du riz dans l'assiette, on les charge pour porter les achats, on les dégage du passage. Ils se laissent pousser, sans même remarquer qu'ils sont trimbalés comme ça, de-ci, de-là. Finalement, on s'y fait - là, pas là, c'est pareil.

Quelquefois, ils se battent entre eux - rarement avec d'autres enfants... Des personnes interviennent et les séparent ou les chassent. Quelquefois, alors qu'ils se sont battus déjà très fort, un adulte leur en met une à chacun et les dégage à coups de pied au cul - les femmes continuent leur commerce en riant. Franchement, un talibé, c'est rien - tu lui donnes de l'argent, tu lui donnes ton reste de riz - un autre jour, tu ne lui donnes rien. Il n'y a pas d'explication - on peut pas tout expliquer - il fait partie du décor, compassion ou pas.

* * *

Dans la voiture, on parle. On retourne les problèmes dans tous les sens. On n'en peut plus. On prolonge sans cesse la causerie. On finit par s'inventer des solutions. Échafauder des plans de sauvetage. Par exemple plutôt que de faire de la " sensibilisation ", ce serait plus efficace d'envoyer des gens pour aller causer dans tous les grins. Et puis aussi au maquis, ou dans la cour l'après-midi quand on boit le thé, au robinet avec les femmes, ou quand elles passent quelques heures à se tresser... n'importe où où ça cause ! Là, en échangeant, tu peux influer sur certaines choses, en comprendre d'autres et surtout adapter en fonction. Parce que ton kit anti-excision, ou les formations pour apprendre à des autochtones à parler aux villageois... bon on s'en sort pas. C'est pas tellement compliqué au fond, il faut aller sur le terrain, y rester longtemps, et voir ce qu'on peut faire. Tout le monde sait que ce n'est pas en restant derrière un ordinateur à faire des rapports (surtout depuis l'Europe ?!), et des retours aux bailleurs de fonds, que la moindre initiative dite d'aide au développement fonctionnera en Afrique... Alors évidemment, ça like des vidéos sur Facebook, ça signe des pétitions sur internet, tout ce que tu veux... Dans la voiture climatisée, on imagine des causeurs tout terrain, qui n'ont pas peur de la chaleur, pas peur de serrer des mains, pas peur de se retrouver dans des situations embarrassantes. Et envoyer des blancs en masse, que ça se mélange tout ça. Qu'on puisse les toucher ces blancs, qu'ils descendent un peu de leur piédestal, qu'on puisse rire avec eux, qu'on puisse les manger non ?

* * *

Et puis pourquoi vouloir changer les choses à tout prix ? Quelquefois, tu as le sentiment que c'est un dérangement mental ou nerveux. Tu exposes n'importe quel fait, il faut l'améliorer, quitte à tout détruire en préalable - mais calme-toi, putain ! Franchement, ça frise le TOC : " Hop, ça non - hop c'est comme ça - hop tu fais comme ça, tu vas voir, c'est mieux - hop fini ! " Attends, assieds-toi, prends un thé, tranquille... on est là.

* * *

Retour chez les expats - il faut se reposer après cette vie de broussard - on reste vingt-quatre ou quarante-huit heures, pas le temps de s'habituer au chocolat dans le frigo. Sur la terrasse, le ventilateur - on fume. Les cigarettes sont pas chères mais c'est de la paille qui t'arrache la gorge. Il est huit heures du matin et on fume déjà avec le café, ça ou autre chose. La bonne arrive.

Madame connaît le prix des légumes donc elle donne de l'argent à la bonne - elle demande des choses précises qui sont en fait, toujours les mêmes : " Des carottes. Et si possible celles à l'ombre car au soleil, elles perdent leurs vitamines.

- Oui, Madame. "

Madame demande ceci ou cela et la bonne sort acheter ce que Madame a demandé. Et quand la bonne rentre, Madame a toujours quelque chose à redire. Elle dit merci mais par exemple, s'il n'y avait pas tel condiment, Madame demande pourquoi. Et à chaque fois la bonne répond qu'il n'y en avait pas. Madame demande pourquoi la bonne n'est pas allée là-bas, chez le petit vendeur un peu plus loin à l'angle du vulcanisateur. Mais si, en face la station, quand on va vers les douanes (il faut dire qu'il n'y a pas de noms de rue dans la ville et s'il y en a, personne ne les connaît... alors les indications c'est toujours un peu...). La bonne dit qu'elle y est allée mais ce matin, il n'y en avait pas. Madame dit " Bon... " Mais dans l'inflexion de la voix, on sent bien qu'elle ne croit pas vraiment la bonne. Elle pense un peu qu'elle est fainéante, elle pense un peu qu'elle lui ment, qu'elle n'est pas réellement allée voir là-bas... que peut-être elle cache quelque chose, et qu'elle est un peu voleuse aussi... Bref, elle se méfie.

Ils se méfient tous. Tous, ils regardent bien la monnaie. Tous, ils savent qu'à tout moment, ils peuvent se faire piéger. Ils n'ont confiance en personne. Pas même en leurs amis africains noirs, sauf peut-être les très riches qui deviennent blancs comme par enchantement. Au fond, il ne faut avoir confiance en personne. Et pour cause, si tu gagnes en un mois ce que ta bonne gagne en dix ans, tu as conscience que ça peut poser problème. Tu ne sors plus, tu laisses le personnel faire l'interface avec le monde. Tu sais qu'à tout moment, ça peut tourner vinaigre dehors, dans la rue.

* * *

Le voisin libanais rentre dans sa voiture aux vitres teintées depuis l'intérieur de son garage. Personne ne le voit jamais. Jamais il ne pose le pied dans les rues de cette ville. Il passe de la maison au bureau et le week-end, à la plage ou la piscine du grand hôtel - il n'a jamais foulé la terre du pays. Ça fait trois ou quatre générations mais ce n'est toujours pas son pays car le problème, ce sont les noirs et c'est d'ailleurs toujours le chauffeur qui gère entre lui et eux. La nounou fait presque partie de la famille après toutes ces années, c'est quasiment du social - c'est la charité. À condition qu'elle soit honnête, compétente et disciplinée. À y regarder de plus près, c'est la même chose qu'avoir une femme de ménage en Europe ? Excepté les écarts de salaire. Dans la voiture, un matin de discussions interminables, nous avions calculé que les revenus mensuels d'un couple d'expats qu'on connaissait équivalaient à deux-cents fois le salaire mensuel de la femme qui travaillait chez eux quarante heures par semaine. Quand on vit en Europe, on peut se raconter que c'est normal les différences de pouvoir d'achat entre pays riches et pays pauvres. Mais dans ce cas-là, comment les justifier ? Les blancs travaillent dans le même pays que la bonne, non ? Ils ne travaillent pas dans l'usine Porsche de Leipzig, ils sont en Afrique de l'Ouest.

On a souvent ri - quoi d'autre ? Nous n'allions pas pleurer ? Ne jamais oublier que dans tout ce pastis, il y a les personnes, les gens qu'on croise, qui ne peuvent s'empêcher d'être drôles, d'être gais. Même sans le sou, on peut quand même rigoler non ? Et même le patron, quelquefois, il oublie tout ça et nous aussi. Et on rigole. Quoi d'autre ? Un Nescafé ?

* * *

Il y a des moments sans argent, des moments suspendus, des moments où la voiture n'est plus un poids, où le corps n'est plus un poids, où la chaleur est domptée, où la couleur est grisée. Il y a un temps où on sait qu'on ne peut plus rien faire, sauf être là avec les autres. Ce n'est pas que le temps passe lentement, c'est qu'il n'existe plus, étouffé sous un coussin de chaleur. La beauté sourd de ces moments-là, des corps alanguis sur les nattes, des doigts qui n'en finissent pas de maigreur. Il faut voir les cils des hommes - tout est maladie. Tout est évanouissement. Dans les ventres fulminent les vers et les amibes qui construisent le monde souterrain de la défaite. La défaite partout, la vie morte, perdue d'avance - cils recourbés et regards morbides. Le moindre geste, la main portée au front, les jambes que l'on replie - tout est parfait, une chorégraphie de l'épuisement. Les yeux mi-clos de soleil et la touffeur - on rêve de glace. Mais nous sommes au village, il n'y a pas de frigo - personne n'a de frigo alentour - l'eau est tiède - mieux vaut encore boire le thé brûlant.

***

Au réveil, quand le soleil vient caresser les paupières de son orangé de savane, on pourrait se précipiter sur les sachets en plastique, et espérer boire une eau qui n'est pas encore trop chaude. Mais on n'y pense pas. Les chèvres sur leurs pattes arrière broutent quelques bourgeons d'acacias. Alors on ne bouge pas, on tourne à peine la tête pour voir mieux encore cette scène de la Grèce antique.

C'est le matin, il est très tôt, et il y a un semblant de fraîcheur. Le soleil est encore compact, c'est avant qu'il ne se perce et ne se répande tout en chaleur. Le bas-fond est doré par le soleil naissant et les arbustes alentour sont une paix. Les oiseaux virevoltent et lacèrent le ciel de traînées de suie.

* * *

" Il y a un vieux qui est assis et qui te dit ou te fait comprendre qu'il y a une montre là-bas. C'est dans une gare de bus - il y a des bancs quelquefois mais c'est rare - par contre, il y a de l'ombre - et c'est là qu'il y a une montre. À terre, juste devant tes pieds, il n'y a qu'à la ramasser. Quand tu te retournes, le vieux n'est plus là. Tu demandes aux voyageurs à qui est cette montre ? Elle n'appartient à personne. Donc tu la rapportes chez toi. La montre est belle et toute neuve et le soir, tu la poses à côté de toi. Le lendemain, quand tu te réveilles, il y a de l'argent à côté de la montre - un billet de dix-mille. Le lendemain encore, c'est deux billets, et ainsi de suite. "

Devant la fougue de Pascal et l'assurance de Bapougouni, tu ne peux pas leur dire qu'ils racontent n'importe quoi - tu n'as pas envie non plus. Ni à Hamidou qui t'a soutenu qu'on peut envoyer la foudre sur quelqu'un à quelque part et qu'il meurt sur le champ. Le médecin aura beau dire qu'il est mort d'une crise cardiaque, ça ne répond pas à la question fondamentale : pourquoi est-il mort aujourd'hui ? Il est mort aujourd'hui parce que quelqu'un lui a envoyé la foudre. Donc tu essayes de savoir qui sait faire ça, qui sait utiliser la foudre comme ça ? Qui a ce pouvoir ?

Sans même commencer à parler de l'omnipotence de Dieu, tu demandes seulement qui est capable de faire ça ? Souvent on te répond que des gens savent faire ça. Tu demandes à nouveau : oui, mais qui ? Ce sont des personnes, qu'on peut trouver si on cherche. Il suffit de demander à tes proches, à ta famille - on t'indiquera qui aller voir et où.

Par contre, souvent aussi, si tu demandes à rencontrer ces personnes, on te dit qu'elles ne sont pas ici, au village. Car le sorcier, ou celui qui a le plus de pouvoir, est un étranger. Il habite donc un territoire intermédiaire... puisqu'il intercède, il est par essence non pas dans un territoire mais entre les territoires. Il n'est donc pas mossi si tu es avec les Mossis, pas Gourmantché, si tu es avec les gourmantchés... baoulé... bambara... Celui qui a le pouvoir c'est toujours un autre et en même temps, il n'est pas loin - entre-deux.

En allant au Niger pour son activité de commerce, Bapougouni a entendu l'histoire d'une femme qu'on enfermait la nuit, et si on suivait bien les consignes du sorcier djerma, donc du marabout en ce cas, l'argent lui venait dans un plateau posé sur sa tête.

" J'ai une question : l'argent arrive-t-il par en haut et il tombe dans le plateau ou apparaît-il directement dans le plateau ? " André, l'ingénieur agronome, se met à rire -

André est gourmantché aussi. Il dit que non-non, il ne faut pas poser la question comme ça, que ça ils ne pourront pas répondre. Bapougouni et Pascal acquiescent - André leur a sauvé la mise.

J'entreprends André car depuis tout à l'heure il écoute avec un air de deux airs : " Et toi, André, qu'en dis-tu ? " Son œil brille, comment tromper tout le monde ? " Je ne peux pas confirmer ce que j'entends là car je ne l'ai pas vu de mes yeux. Donc je ne peux affirmer que c'est vrai... mais j'ai toujours entendu ces histoires et je connais beaucoup de gens qui font appel à la magie. " André est futé, il ne contredit pas ses frères mais il ne peut se résoudre à l'irrationnel, lui qui a fait des études scientifiques et qui tout le jour travaille à améliorer les rendements agricoles des paysans locaux grâce à son ONG, une ONG évangélique, qui a pour but de faire de l'agriculture dans l'esprit de Dieu - " Farming God's Ways " - c'est écrit sur la brochure qu'il a toujours avec lui.

* * *

À droite, à gauche, il reste des fonds de marigots, et autour, des silhouettes comme crucifiées. Ce sont des garçons qui tiennent un bâton, ou plutôt le bâton tient leurs bras écarts, dans une position si particulière qu'on reconnaît un berger - même de très loin, ponctuant l'horizon.

Dans la mare, quatre vaches tètent une eau glauque - une des bêtes pisse là-dedans, et continue à boire. Les visages se tournent sur notre passage, on salue à travers la fenêtre - salutations kilométriques.

La piste est un enfer, surélevée pour éviter la submersion en saison des pluies, elle n'en est pas moins ravinée - on roule à dix kilomètres heure - on a tout le temps pour saluer nos amis.

Pourquoi je dis nos amis ? J'ai toujours dit nos amis - je ne sais pas. Quelle drôle de sensation, c'est à n'y rien comprendre : on est chez nous sur cette piste du nord du Burkina Faso, chez les Peuls, et on se sent étrangers dans notre propre pays. Ici, ne pas saluer quelqu'un ne nous viendrait pas à l'esprit - en Europe, c'est tout le contraire.

C'est le plein midi, on plisse les yeux dès qu'on regarde les alentours, il doit faire un cinquante degrés bien tapé sous le soleil. Les gestes des bergers sont légers, pas de dépenses inutiles. Ils ne sont pas ventrus comme certains buveurs de bière des villes, les autochtones. Non, ils sont maigres, secs, et le repas du matin doit tenir tout le jour. Pour survivre à la chaleur, ils ont une gourde bariolée en bandoulière. L'eau doit y être brûlante mais mieux vaut boire ça que l'eau du marigot.

Il y a de ces silences dans cette voiture, comme si on nous assommait - c'est trop pour des gens comme nous... tout l'être est travaillé à la forge. Ça tape et on entend les tempes qui battent. Nos amis peuls marchent derrière nous. Leurs pas souples se posent sur nos nuques. Rien ne sera plus comme avant - nos amis sont les Pullos et nous serons étrangers dans notre propre pays. Il est dit.

* * *

Le premier soir où nous sommes invités à manger chez Bapougouni, Essita, sa femme, a des questions. Essita parle gourmanchement et Bapougouni traduit comme il peut en français ramassé. Elle veut savoir qui sont nos marabouts ? On ne s'attendait pas à ça comme question...

" Mais oui, comment vous faites pour gagner l'argent là-bas ? Les waks des blancs, c'est qui ? " Bapougouni nous éclaire : il dit que dans le village, il y a une mosquée - en effet, il arrive qu'on l'entende... puis qu'on ne l'entende plus... cela doit dépendre de l'électricité et de la résistance des enceintes toujours poussées à fond et qui saturent, puis décrochent. Donc il dit que les musulmans d'ici ont des sorciers qu'ils appellent marabouts qui sont plus puissants que les sorciers des chrétiens. Donc Essita veut savoir quels sont les waks des blancs qui sont plus riches, plus forts, plus beaux et plus intelligents que les noirs même musulmans ? Quelle est cette magie ? Et qui aide notre président ? On soutient que notre président n'a certainement pas de wak pour l'aider (ce dont on n'est pas sûr en fait) mais Essita ne nous croit pas et si Bapougouni ne pipe mot, son silence en dit long sur son scepticisme en nous écoutant. En effet, rien ne dit que nous ne mentons pas ou que tout simplement nous ne voulons pas dévoiler nos secrets - ce qui est bien normal. La politesse ne permet pas à Bapougouni de remettre en cause nos propos - on lui dirait que Dieu n'existe plus en Europe, il n'y croirait pas ou se demanderait pourquoi exactement nous disons ça et à quoi cela nous servira ? Le billard à trois bandes, c'est compliqué - mais à quinze bandes avec plein de boules multicolores, encore plus compliqué...

Reprenons : disons que nous mentons, ou plutôt que nous ne disons pas exactement la vérité car elle est cachée... Ou mieux encore, c'est le deuxième monde qui nous force à masquer nos paroles. C'est-à-dire qu'on est nous-mêmes sous l'influence d'un sort qui nous fait utiliser la langue de façon courbe car Bapougouni sait que tous les chefs d'État ont un sorcier avec eux, qui est plus ou moins puissant. On peut essayer de le bluffer mais il est sûr que ce que nous disons est faux - ou peut-être même, nous sommes des faux-blancs ou des blancs de brousse - des gaous quoi !

* * *

Au fond elle n'a pas tort avec son histoire de magie. Si l'argent arrive, ça ne peut pas être par le travail, autrement Essita serait richissime vu qu'elle travaille de quatre heures du matin jusqu'au soir bien tassé. Et ses voisins tout aussi pauvres travaillent de même. Et elle sait qu'en ville, ils ne sont pas mieux lotis (certains de ses enfants y galèrent gentiment). Donc l'argent ne peut venir que de la sorcellerie. En terme d'efforts, les Africains de l'Ouest sont champions du monde, surtout au Sahel : tirer sa pitance de la terre rouge et acide sur laquelle ils vivent nécessite de se battre quotidiennement, et il y a toujours quelque chose à faire comme aller chercher de l'eau, aller au marché pour vendre, travailler au champs, réparer la maison, soigner les animaux, payer l'éducation des enfants, gérer les mariages et les décès, etc.

Alors comment deux traîne-savates comme Lise et moi, qui ne savons pas même tenir une daba, pas même foutus d'avoir des enfants, qui avons des mains de danseuse, qui ne glandons strictement rien de tout le jour - comment peut-on acheter une voiture que personne dans les environs ne pourra se payer après toute une vie de labeur ? Seuls les ONG ou les expats ont ce genre de voiture.

Ou les charlatans - ou les politiques. Bref, ceux qui ont des waks puissants ou qui le sont eux-mêmes.

* * *

Une femme entre dans la concession - l'un de nous tourne la tête nonchalamment. Les autres ne prennent même pas cette peine, se moquant de toute activité autre que leur introspection, la fatigue de la digestion et les discussions ânonnées. C'est l'après-midi, on boit le thé dans la cour de l'instituteur. On dit tout ce qui nous passe par la tête - les idioties et les choses sérieuses - sans priorité. C'est après un repas de tô, ou de riz gras - ce n'est pas petit petit à manger ça. Le thé vient nous surprendre alors qu'on ne l'attendait plus - comment préparer aussi lentement un thé ? Ça n'a plus d'importance, le temps n'existe plus - as-tu quelque chose à faire ? Oui il se trouve qu'on aurait dû faire certaines choses mais bon... on ne bougera pas sauf s'il y a un feu dans le village, ou une chose grave qui nécessiterait... Pour l'instant on boit du thé ensemble, à l'ombre du nimier car c'est l'après-midi, et le soleil est encore bien accroché à la verticale de nos crânes - tu as toujours tes lunettes de soleil.

* * *

Avancer là-dedans sans lunettes de soleil, et je m'écroule. Le ciel en oublie son bleu originel tant la luminosité est forte - c'est un bain de lumière et ce n'est que protégé qu'on peut évoluer dans cet outre blanc. Les heures médianes te clouent.

* * *

Tu commences à comprendre comment ça se passe - tu dois faire un effort auquel tu n'es pas habitué : te conformer à ces grandes après-midi de saison sèche où il n'y a rien à faire d'autre que de rester là. N'engage surtout rien, ne fais surtout rien - une goutte de sueur roule le long de ton cou - les cils des hommes battent de fatigue. Celui-ci s'est endormi allongé sur la selle d'une moto - comment fait-il pour ne pas tomber - pourrais-tu faire ça ? Pas encore mais un jour, qui sait, avec beaucoup de pratique, réussir à s'endormir n'importe où dans n'importe quelle position.

Le cœur se met à battre d'un coup après le shot de thé - qu'on vienne essayer de nous prendre ici au productivisme assassin, qu'on vienne ici nous faire des leçons de décroissance. Un thé pour cinq ou six et cela pendant deux ou trois heures - on ne peut guère trouver activité commune moins onéreuse. Je t'aime - oui c'est ce qui vient tout à coup. Mais ce n'est pour personne - c'est un je t'aime de chair, un je t'aime de langueur. Ça pourrait durer des heures.

À un moment, le groupe se disloque et une certaine énergie réapparaît - on y croit à peine, on pensait qu'on allait mourir. On n'a rien d'autre que ça, les pieds jouent de la sandale, un petit envoie des pierres d'un côté de la concession puis les renvoie de l'autre, une femme passe sans te voir, habituée aux blancs maintenant, un homme interpelle un paysan qui va aux champs... Les portables sont muets bien qu' alignés sur le muret de la concession à l'unique endroit où l'on capte. Peut-être. Le réseau balance et nous tout autant, on tangue sur l'après-midi viatique. Il faudrait les aider à se développer, qu'en penses-tu ?

C'est le village au bout de la piste qui n'est nulle part noté, qui n'existe pas, ne devrait pas exister. C'est derrière le bas-fond qui en période de pluie est infranchissable, et dans lequel nous dormons car il est parsemé d'arbres - on n'arrive toujours pas à savoir si on est au Mali ou au Burkina Faso. Loin, loin, il y a un village éclaboussé de torchis et de chaume - au pied la terre argileuse craquèle.

* * *

Je ne peux plus dormir dans la tente de toit, je dis à Lise que je vais monter la tente de repli et aller la poser au plus loin, sous les manguiers tout au fond du terrain. Ce n'est plus possible - toute la nuit les enfants se font chicoter et chantent dans la langue des initiés - on ne comprend pas plus la langue des initiés que le gourmanchement mais le lendemain, on se retrouve à siffloter les chants assénés dans notre sommeil. Les gars nous regardent bizarrement - on leur demande ce qu'il y a ? Ah oui merde, normalement, on ne devrait pas connaître ces chants, c'est une langue secrète. Mais quelle idée d'installer le camp de circoncis à cent mètres du jardin. Tout le monde savait qu'ils allaient débarquer puisqu'il paraît que c'est un terrain sacré, alors pourquoi personne ne nous a dit de ne pas poser la voiture ici ? Nous sommes saouls de jours, saouls de nuits - nous tenons debout par des grands écarts et des portes aux coins d'échardes - nous sommes des planches et boiseries qu'on agglomère - des ouvertures en nous font des tangentes sur de grands espaces noirs sans fond - les lignes vers un ailleurs - et des explosions de cuir, des martinets ou des peaux dans un coin du carnage - shebam - pow - blop - wizz... Fatigue.

* * *

La nuit, les jeunes hommes qui sont responsables des circoncis, les réveillent et les alignent pour des séries d'humiliations collectives qui ont pour but de resserrer les liens de la génération. La circoncision est un rite de passage, on prend une génération de garçons qui vont devenir adultes, ils apprennent en groupe une langue secrète, cela sert à cimenter une génération entre elle, et aussi avec les autres générations. La dureté des responsables plus âgés (pas très âgés), permet aux enfants de faire corps ensemble en luttant contre cette violence. Les liens ainsi créés restent par la suite ténus, quasi invisibles mais presque indestructibles.

* * *

Quand ce n'est pas le camp des circoncis, ce sont les basses du maquis-boite de nuit autour duquel les ghanéennes rôdent avec leurs fessiers bouffis d'orgueil. Et tu sens ça, derrière les murs de ta maison - ça sent la pute, la bière et la violence. Ton sang bout de chaleur et de bruit - tu voudrais régler ton compte à ça, te vautrer dedans, fourrer ta tête dans une poitrine molle et poisseuse, une poitrine large comme une piste d'atterrissage. Aller au bout de tes nerfs, passer ta langue dans toutes les fentes possibles, te gorger d'alcool et pantalon aux genoux, tu remues comme un vers et les gens rient mais ne te disent rien car tu es un blanc et tu as l'argent. Et tu farotes avec tes billets de Monopoly. Tu voudrais te lever de ce lit, devenu une auge de sueur, et dynamiter complètement la ligne de conduite, ascète, qui te permet de survivre dans ces conditions infernales... c'est juste avant la saison des pluies. Tu bois une caisse de bières, tu fais une phlébite et pas la peine de s'acharner à prendre des veinotonic, tout part en varice - ta tête explose, tes mollets battent la chamade, tu es nu dans le lit et pourtant tu essaies de déboutonner le col de ta chemise. Et tu sors les billets, et tu farotes à nouveau, et tu danses le coupé-décalé mieux que quiconque. Les basses saturent au sol. Et moins on dort, plus l'énervement est sexuel, car le sang bat dans les coutures. Elles rôdent les ghanéennes, je le sais, près du grilleur - j'en ai vu - les filles de nuit comme disent pudiquement nos amis. Avec des petits sacs à main brillants - rouge à lèvre, capotes. " Si elles ont des petits sacs, disent-ils, c'est que..." C'est que c'est la blennorragie assurée, c'est la violence des putains qu'on frappe ivre et qu'on trouve mortes au matin dans un hôtel de passe. Ça tape fort dans ma tête quand j'essaie de dormir - ça cogne la pauvreté et les petits sacs glossy des filles qui font ce qu'elles peuvent pour ne pas être détruites sous les assauts membrés des clients avinés, bedonnants, notables locaux : armée, police, justice... Plus d'illusions, plus rien - devenir adulte qu'ils disaient - c'est bon, j'y suis les gars. Filles de nuit.

* * *

Au-dessus de ta tête, le ventilateur s'emballe... et s'il décrochait ? Tu es dans ton lit et les draps se collent à toi. Plus la boite de nuit est puissante, plus on ajoute de ventilateurs pour couvrir le bruit et on rêve de dormir... dans les premières heures de la nuit, les ventilateurs envoient un air si chaud qu'on a réellement l'impression que la peau est en train de brûler.

* * *

Le sommeil, une obsession, une idée fixe. Les grands moments d'absence diurnes ne sont que des sommeils contrôlés, où une fois réellement mis hors service, le cerveau se repose en gardant les yeux fixés sur une chose petite, ridicule.

* * *

Tu rêves d'une porte - là maintenant. Tu l'ouvres et hop, de l'autre côté, tu mets les pieds en Europe et il fait frais - c'est tout. En Europe, tu sais pourtant que ne t'attendent que des activités machinales, répétitives - une vie de robot, une vie d'ordinateur, de téléphone, et d'émoji. Une technique de vie. Mais, tu te damnerais pour retrouver la fraîcheur de l'Europe... Rester nu dans la neige une heure puis repasser le seuil de la porte, et voilà, retour à la case départ. La porte s'évapore, tu vas devoir te coltiner un nouveau jour d'intense chaleur.

* * *

Juste avant la saison des pluies, l'air est saturé de chaleur. Tu disjonctes - tu imagines des poches de fraîcheur - sous une petite cuillère par exemple, l'ombre projetée sur le sol. Tu imagines tout ça car en fait tu ne bouges pas - tu es là, assis sur la chaise en plastique qui te colle aux cuisses - tu regardes fixement cette cuillère au sol et la petite ombre qu'elle forme dessous. Puis tu te vois en train d'aller la chercher et l'ombre est comme une boule de glace vanille que tu t'étales sur tout le corps - fraîcheur.

Ce sont de minuscules choses de cet ordre qui éclosent dans ton esprit comme des bulles de savon - puis ça explose avant qu'une autre petite chose ne te revienne à l'esprit mais en fait, c'est sans doute les neurones qui partent en popcorns - tu regardes cette colonne de fourmis depuis combien de temps ? On a tous l'échine courbée vers le sol et on attend que ça passe.

* * *

Vous êtes tristement blancs et vous avez garé votre voiture, et aménagé un campement dans un petit paradis planté de manguiers immenses. La nuit venue, vous avez péniblement réussi à vous endormir, quand vous êtes réveillés par des djembés juste là, à une centaine de mètres au plus. Tu deviens tout rouge - tout ce que tu avais prévu, ton petit plan à deux balles, tout ça s'écroule.

Le lendemain, on demande quelle était cette cérémonie de nuit ? Mais ce sont les circoncis voyons. Non, je ne vois rien. Je demande quand même si c'est fini. Non, ils sont là pour un mois environ. Oui, compris, c'est mort, au revoir, fini, suicide ? Oui pourquoi pas. Comment ? Je ne sais pas encore. Attaquer les caïmans de la mare sacrée et se faire dévorer ? Non trop chrétien - je voudrais mourir sans un bruit, dans le silence d'une plaine déserte, au frais.

Il nous est arrivé mille aventures comme celle-ci, celle où tu dors en plein village et les ânes braient toute la nuit dans le creux de ton oreille, ou ce coq qui chante à partir de minuit et qui ne se taira que lorsque tu l'auras tué à coups de marteau, ou alors justement il y a une cérémonie mais qui commence bien après que tu sois endormi. Quel genre de cérémonie ? Une nuit de funérailles, un culte évangélique nocturne qui débute à minuit, et dont tu profites pleinement grâce à l'amplification, un mariage peul à la guitare électrique, des djembés et des chants au loin, une nuit de prières dans la mosquée... mais se retrouver à côté d'un camp de circoncis, situé juste derrière une haie d'arbres censée empêcher les bêtes de venir dévorer le maraîchage...

Au bout de quelques jours, j'ai demandé un sommier qu'on a mis tout au fond, tout près du marigot aux crocodiles sacrés - c'est là que je mets la tente de repli. Au pied de la falaise, je suis à couvert et je sais que la nuit, personne, si ce n'est quelques bêtes, ne vient au marigot car la nuit est noire, vraiment noire - on n'y voit pas à un mètre. Et je dors là en priant de ne pas être réveillé, de ne pas tomber dans le cycle infernal de la mauvaise nuit qui débouche sur la sieste de l'après-midi, et qui empêche de dormir au moment du coucher le soir. Aussi, si tu rates la porte du sommeil et tournes et retournes dans ton lit, l'idée fixe de dormir t'excite plus encore, mêlant colère et culpabilité d'avoir dormi l'après-midi et voilà qu'à deux heures du matin, malgré les bouchons de mousse poussés jusqu'au sang dans le canal auditif, tu commences à bloquer sur les chants lointains des circoncis - les entends-tu vraiment jusqu'ici - qui te feront la nuit, jusqu'à ce que les premières lueurs viennent iriser l'horizon et que les oiseaux, pris d'une excitation insupportable, te percent le crâne de leurs piaillements d'enfants.

Haine des oiseaux, haine des enfants - que reste-t-il de nos amours ?

* * *

Bientôt la chaleur montera, d'ici une minute ou deux, les premiers villageois arriveront au marigot car dès que la lumière le permet, l'activité reprend. Restent quelques instants d'aurore que tu peux apprécier avant que tout ne s'enflamme. Cette folie de se réveiller avec la première lueur, elle te donne la sensation d'avoir toute la nuit dérivé sur un radeau vers une île nouvelle. Comme si, chaque matin, recommençait le miracle de la découverte - sous tes yeux, les nuages bleutés du ciel entrelacés sont venus déposer quelques cendres. Et les cernes te pèsent pour te rappeler que ta vie s'écoule avec poids, et tu rêves d'être vieux et sans désir aucun, pour ne pas te retrouver dans des situations pareilles.

Aussi, tout est pardonné. Un enfant au t-shirt de football en charpie vient te regarder à travers le grillage. Et observe chacun de tes gestes étranges pour en saisir la magie afin de devenir lui-même un génie - c'est le jour.

* * *

Pour boire un énième café, il y a un comptoir en bois et devant, un grand banc fixé au sol - je n'ai pas bien vu comment ça tenait - j'ai confiance un peu. Le banc est patiné, il n'y a pas de têtes de clou qui accrochent - j'ai passé la main vite fait - pas de saillies qui viendraient déchirer nos rares vêtements qui ne sont pas gâtés. Tu te poses et tu lèves la tête : il n'y a que des hommes, un blanc et une blonde.

La blonde, elle vaut dix noirs. Et oui, c'est comme ça, ma blonde elle achète tout le village si elle veut - elle achète tout le marché - tu penses bien qu'ils le savent, tu les prends pour des cons ?

Le matin, on boit du thé à l'européenne - de l'eau chaude, quoi - c'est plus simple à préparer sous le manguier - mais il faut bien un café si on veut se réveiller. C'est au Burkina Faso entre Kaya et le plein Nord - cherche pas, c'est pas sur la carte. En fait, c'est entre deux axes principaux, entre deux goudrons troués, loqueteux - c'est au-delà de la pauvreté, c'est la misère à ciel ouvert. Et la misère n'est pas moins pénible au soleil - le mec qui a écrit ça, si je l'attrape...

On commande - vérifier le lait concentré - tu vas me tuer,

mon frère avec ton lait là ! Tiééééé - ça y est, c'est parti. Quelques mots en moré - les salutations. On rigole - toujours ! On se moque du président - toujours ! Il n'est plus en place depuis le temps - il n'est resté que vingt-sept ans - dans cet endroit où le temps n'existe pas, vingt-sept ans, c'est rien : on se retourne et il est déjà parti le jeune homme. Et pourquoi voter pour changer de président alors qu'il n'est pas mort ? C'est comme le chef du village, non ? Maintenant, il a été chassé mais personne ne croit que ça va amener quelque chose de bon. Lui au moins il nous avait tellement volé qu'il n'avait plus besoin de rien - on pouvait vivre tranquillement après tout. Le nouveau va vouloir sa part...

Dans le coin, là-bas, il y en a un qui sourit - il mange les spaghettis du matin - c'est l'encas des riches. Les spaghettis, c'est léger, c'est juste pour attendre le repas, le vrai. Ça ne tient pas comme le tô, la pâte (souvent de mil dans cette région mais qui peut être à base de sorgho, maïs, igname, etc.). Ce doit être un homme qui a de l'argent, un marchand ou un fonctionnaire.

Il a sa tête bien carrée là - et puis un début de ventre - le coup de fourchette est regardant, pousse ici le chou, pousse là le morceau de viande dure comme du caoutchouc. Il sourit car la causerie est bonne avec ces blancs-là - c'est notre ami mais on ne le sait pas encore. Moi je l'ai dans le viseur en bas à droite, et je vois qu'il est avec nous. On est ensemble de toute façon, on sera toujours ensemble.

* * *

Dans le kiosque, dans ce village qui est réellement le centre du monde, tellement il est difficile d'y accéder, les hommes sont étonnés qu'on connaisse si bien leur pays et surtout leurs coutumes, et les gens. On parle de nos amis mossis, de nos amis gourmantchés, de nos amis peuls - il faut faire attention à pas être pris dans une parenté à plaisanterie - mais souvent, on nous évite ça. On parle politique, toujours. On parle du pays, on parle de la situation du pays - on parle, à bâtons rompus, des problèmes. C'est ainsi, qu'une fois les rires éteints, une fois les blagues taries, il faut bien parler des choses graves.

L'homme à la tête carrée, au ventre rebondi, qui depuis le début de la conversation sourit sans rien dire, a fini son assiette. Il demande au petit qui sert les plats combien il doit et pose nonchalamment des pièces sur le comptoir. Puis il se tourne, et tout en utilisant son cure-dents pour enlever la viande qui s'est fichue au fond, il dit : " Puisque vous savez ça, puisque vous vous êtes arrêtés alors même que vous êtes blancs, puisque vous voyez ce que vous voyez, dans le pays, dans le village, s'il vous plaît, écrivez un rapport. Vous, les blancs, vous êtes forts pour ça. Il faut, je vous en prie, faire un rapport pour le président de votre pays. Il faut lui expliquer ce qui se passe ici. Il faut tout dire. Un rapport avec ce que vous avez vu. "

* * *

Nous les blancs, on n'est bon qu'à ça, écrire, analyser, faire des tableaux, faire des rapports. On ne sait plus le nom de celui qui a parlé de ce rapport, on ne sait pas ce qu'il est devenu mais on n'a pas oublié sa demande. On a écrit ces mots pour le monsieur du kiosque qui ne les lira jamais. Et pour tous ceux qu'on a croisés là-bas, les salauds, les gentils, qui souvent sont les mêmes. Et qui comme nous, sont humains et changeants selon les situations.

***

Le soir on projetait des films dans la brousse. De gros insectes rentraient dans le vidéoprojecteur, qu'on devait retirer avec une pince à épiler. On était épuisés, c'était la nuit, on était en train de ranger l'installation. Une fille s'est approchée.

En général, moi je démonte gentiment et Lise elle doit tout bien ranger dans le 4x4, parce que Lise c'est elle qui a fait le rangement. Tout le monde nous aide : c'est bien, c'est pas bien... Moi je dois checker que tout est là, lui demander ce dont elle a besoin, et la protéger pendant son rangement. Et demander qu'on s'asseye pas sur la voiture par la même occasion. Et répondre aux questions nombreuses. " C'est vrai qu'il y a des bêtes comme ça sous le sable chez vous ? " Et moi d'expliquer que c'est de la glace, pas du sable, et que dessous c'est de l'eau donc ce sont des bêtes qui vivent dans l'eau. Et que Nanouk il pêche en fait... Ou alors la puissance du groupe électrogène - oui, si petit et si puissant - c'est pas les chinoiseries d'ici. Et je suis désolé mais ce n'est pas à vendre.

Mais la fille là, elle s'est approchée, timide, elle a dit qu'elle avait quelque chose à nous montrer. " Oui - oui " - on s'est mis à parler comme ça aussi, laconiques, ralentis.

Puis elle a attendu car elle voyait bien qu'on était occupés. Pendant qu'on range, il y en a beaucoup qui repartent car il faut se lever très tôt demain pour travailler. Mais il y a toujours ceux qui veulent voir comment c'est disposé dans le coffre, comment Lise agence ça. Après, on montre que tout est bien calé pour que ça casse pas sur la route - y'en a un qui dit " C'est propre ! " Merci ! Alors au revoir et bonne nuit. Mais nous demande-t-on encore, est-ce que vous n'avez pas peur des génies si vous dormez dans le bas-fond ? On dit que ça va aller.

La fille s'est approchée à nouveau - il y avait quelque chose... Elle était avec une petite et elle lui a dit de prendre la torche et d'éclairer. Et elle a relevé son pagne : sur le mollet, un ovale grand comme une main. On a alors braqué nos frontales aussi sur le mollet et là, on a vu que la chair était à vif. C'est impudique la chair comme ça - ça fait un mal de chien dans le ventre comme une lame de rasoir qui te coupe les intestins. Mais la peau est où ? Elle est restée collée sur le pot d'échappement de la moto.

En plus, l'âge de la fille, terrible : c'est seize ans, c'est dix-neuf ans - la go est formée - c'est l'inamovible t-shirt de fille avec paillettes et le pagne en bas - c'est l'uniforme de la jeune femme de brousse. Et quelquefois des tresses avec perles qui encadrent bien le visage... et des cils infinis. Elle parle français un peu un peu - elle doit aller à l'école a-t-on demandé ? Je ne sais plus.

On a mis une gaze, et un petit filet. Avec de la crème mais c'était quoi ? C'est la nuit, il y a tous les insectes qui tournent autour de la lumière et surtout la poussière soulevée par tous les villageois. On est devant la voiture - est-ce que j'ai allumé les phares pour qu'on voie mieux ? J'espère que j'ai fait ça... Autour tout est noir d'encre, noir abyssal. On est fatigués, on doit encore rouler un peu, on a repéré un coin à l'écart du village - pas vraiment sous les arbres, y'en a pas, mais ça fait comme un recoin dans une sorte de haie d'arbustes. Si on n'a pas d'arbres le matin, c'est pénible car on n'a pas d'ombre. Donc on ne peut pas rester longtemps. De toute façon, on ne compte pas rester plusieurs nuits ici, on est de passage - comme souvent.

On lui dit de venir nous voir demain matin, qu'on sera un peu plus loin vers là-bas - elle trouvera, des blancs avec une voiture à côté du village, normalement, ça ne passe pas vraiment inaperçu - y'aura bien un vélo à cinq du mat' qui va nous voir et dire à tous où on dort.

* * *

C'est le matin, il fait relativement frais, moins de trente du moins. Elle est venue à pied, toujours accompagnée de la petite. On les voyait arriver de très loin, c'est pas la végétation qui gêne - elles venaient sans venir, parce qu'elles ne savent pas si elles vont déranger et il faut prendre son courage à deux mains. Salutations très courtes, ça change - on essaye de détendre l'atmosphère, on fait des blagues. Hé, hé, qu'est-ce qu'on est drôles on trouve... Mais elle ne comprend pas, ce qui est normal car on parle choco et puis je crois qu'on est ringards en fait. Elle dit que ça tire un peu. Elle montre à Lise la plaie. Putain, la gaze s'est collée. Nous sommes vraiment des idiots, en fait il ne fallait pas mettre de gaze, ça coagule... même le petit filet est pris dans la chair.

Alors on lui dit qu'on s'est trompés, qu'on est désolés mais qu'on n'est pas médecins. Il faut nous excuser mais il faut qu'elle enlève la gaze maintenant en tirant, mais petit à petit, pas d'un coup. Elle s'exécute. Elle grimace. On s'en veut, on n'aurait pas fait mieux par sadisme. Sauf que là, on n'en tire aucun plaisir et la fille galère. On réfléchit et on se dit que le mieux, c'est que ça sèche et que ça se reforme tout seul donc au contraire, il ne faut pas couvrir. Est-ce qu'on a pris la bonne décision ? Encore une question sans réponse.

On a été alors hyper généreux, efficaces : on lui a donné notre tube de Biafine - entamé je précise. Un tube de Biafine " France au revoir " donc d'occasion mais original.

Nous avons demandé à la fille pourquoi elle n'allait pas voir le médecin ou l'infirmier au CSPS - Centre de Santé et de Promotion Sociale. " J'y suis allée ", dit-elle et elle a même une ordonnance qu'elle nous montre.

" Et alors, tu n'es pas allée à la pharmacie ?

— Mais il n'y a pas de pharmacie ici - on ne trouve pas les médicaments dans la région.

— Mais le médecin sait qu'il n'y a pas de médicaments ?

— Oui.

...

— Et tu ne vas pas voir le tradipraticien ?

— Le papa ne veut pas car il est " christien " donc il faut éviter d'aller voir le médecin traditionnel.

— Oui mais là, quand même, pour les brûlures, il a les produits c'est sûr - il sait comment guérir ça et c'est pas trop cher. "

Elle a souri. Elle a regardé la petite qui n'avait dit mot et qui se tordait les doigts de gêne - être là avec des blancs toutes seules, les deux filles. On lui a dit de mettre de la Biafine - elle l'a bien étalée. Et on lui a dit de laver quelquefois à l'eau et au savon - on lui a donné un savon surgras qu'on avait justement " pour donner " - et de protéger de la poussière. Et de remettre de la pommade.

Puis elle a fait une petite révérence en croisant les bras : " Grand merci ". Et elle est partie dans la chaleur naissante du début de matinée, toujours avec la petite qui ne cessait de se retourner pour nous observer encore et encore. Avant de partir, elle avait bien réajusté son pagne pour qu'il tombe le plus bas possible afin de protéger de la poussière - on ne voyait plus les chevilles - dans la main, le tube de Biafine.

IMPRIM'VERT
Achevé d'imprimer en avril 2020
Dépôt légal : avril 2020